Les trois bouquetins malins

EUROPEAN LANGUAGE INSTITUTE

Structures

Les verbes
Le présent
L'impératif
Être en train de +
infinitif
Je vais + infinitif

Les possessifs
mon, ma, ton, ta, son,
etc.

Les adverbes
très

**Les pronoms
compléments d'objet
direct**
me, te, le, la, les, etc.

L'exclamation
Comme…
Que…

**La forme interro-
négative**
Ne vois-tu pas le géant ?

**Les pronoms
interrogatifs**
Qui, que

Vocabulaire

adjectifs
description de personnes
prépositions
s'il vous plaît

C'est l'histoire de trois bouquetins malins.

Le premier s'appelle Aîné Bouquetin Malin.
Le deuxième s'appelle Cadet Bouquetin Malin.
Le troisième s'appelle Benjamin Bouquetin Malin.

Un jour Aîné Bouquetin Malin,
Cadet Bouquetin Malin et
Benjamin Bouquetin Malin
vont à la rivière.
« Quelle jolie rivière ! »
dit Benjamin Bouquetin
Malin à ses frères.

De l'autre côté de la rivière, l'herbe verte est très appétissante.

Aîné Bouquetin Malin :	Comme cette herbe est appétissante !
Cadet Bouquetin Malin :	Miam-miam. J'ai faim !
Benjamin Bouquetin Malin :	Moi aussi, j'ai faim. Allons-y !
Aîné Bouquetin Malin :	Non ! Nous ne pouvons pas traverser la rivière.
Benjamin Bouquetin Malin :	Pourquoi ? Et le pont ?
Aîné Bouquetin Malin :	Justement ! Regarde sous le pont. Ne vois-tu pas Philibert ?
Benjamin Bouquetin Malin :	Philibert ? Mais qui est-ce ?
Aîné Bouquetin Malin :	C'est un géant très méchant. Il habite sous ce pont.
Cadet Bouquetin Malin :	Quel dommage !
Benjamin Bouquetin Malin :	PEUH ! Vous allez voir !

PLAISIR *de* LIRE

Benjamin Bouquetin Malin commence à traverser
le pont.
Philibert entend Benjamin Bouquetin Malin.
« Qui traverse mon pont ? » crie Philibert.

Benjamin Bouquetin Malin répond :
« C'est moi, Benjamin Bouquetin Malin.
Est-ce que je peux traverser votre pont,
s'il vous plaît ? Je vais manger l'herbe
du grand pré. »
« Et moi, je vais te manger ! »
crie le méchant géant.

Le géant essaie d'attraper
Benjamin Bouquetin Malin.
Il a de très gros doigts.

Benjamin Bouquetin Malin s'arrête et regarde les gros doigts de Philibert. « J'ai une idée ! » pense Benjamin Bouquetin Malin.

« Je suis très petit et le géant a de très gros doigts. Je peux passer entre ses doigts » murmure-t-il. Benjamin Bouquetin Malin traverse le pont.

Philibert est très fâché.
« Oh, non ! » crie Philibert.
Il s'assoit sous le pont.

PLAISIR *de* LIRE

Aîné Bouquetin Malin et Cadet Bouquetin Malin
regardent Benjamin Bouquetin Malin.
Il est de l'autre côté de la rivière et il mange
l'herbe du grand pré.

Cadet Bouquetin Malin :	Regarde Benjamin. Il est en train de manger. Moi aussi, j'ai faim !
Aîné Bouquetin Malin :	N'y va pas ! C'est dangereux !
Cadet Bouquetin Malin :	Peuh ! Tu vas voir !

Le géant entend Cadet Bouquetin Malin.
« Qui traverse mon pont ? » crie Philibert.

Cadet Bouquetin Malin s'arrête et écoute.
« J'ai une idée ! » pense Cadet Bouquetin Malin.

« Je vais traverser le pont sur la pointe des pieds ! »
murmure-t-il.
Cadet Bouquetin Malin traverse le pont mais
Philibert ne l'entend pas.

PLAISIR de LIRE

Cadet Bouquetin Malin et Benjamin Bouquetin Malin mangent l'herbe du grand pré.

Le géant les regarde. Il est très fâché.

« Oh, non ! » crie Philibert.

Aîné Bouquetin Malin regarde Cadet Bouquetin Malin et Benjamin Bouquetin Malin. Ils sont de l'autre côté de la rivière et ils mangent l'herbe du grand pré.

« Moi aussi, j'ai faim. Cette herbe est très appétissante » dit-il.
« Tant pis. Je traverse le pont, moi aussi ! »

Aîné Bouquetin Malin s'engage sur le pont.

Philibert entend Aîné Bouquetin Malin.
« Qui traverse mon pont ? » crie Philibert.

Aîné Bouquetin Malin dit :
« C'est moi, Aîné Bouquetin Malin. Est-ce que je peux traverser votre pont, s'il vous plaît ? Je vais manger l'herbe du grand pré. »

« Et moi, je vais te manger ! »
crie le méchant géant.

Le géant grimpe sur le pont. Il a de petits yeux
rouges et un très gros nez crochu.

Aîné Bouquetin Malin s'arrête.
Il regarde le géant.
« J'ai une idée ! » pense Aîné Bouquetin Malin.
« Ce géant est très fort, mais moi j'ai deux grandes
cornes. » murmure-t-il.

Aîné Bouquetin Malin baisse la tête et se met à
courir.
Clip-clop ! Clip-clop ! Clip-clop !
Il cogne les jambes du géant de toutes ses forces :
PAN !!!

Le géant tombe à l'eau : PLOUF !!!

Philibert :   Au secours !
Je ne sais pas nager !
Aidez-moi !!!

Philibert : Au secours ! J'ai peur ! Aidez-moi, vite !

Aîné Bouquetin Malin : Nous allons t'aider, Philibert ! Mais d'abord, promets-nous d'être gentil avec nous !

Aîné Bouquetin Malin et ses frères prennent une longue branche et ils aident Philibert à sortir de l'eau.

PLAISIR *de* LIRE

« Merci beaucoup, les amis.
Vous m'avez sauvé la vie ! » dit Philibert.
« Vous pouvez traverser mon pont tous les jours. »

Jouons avec les trois bouquetins malins !

Décris le géant.

Les solutions sont à la page 24

Le géant est ..*grand*.. .

Il a les cheveux ....

Ses yeux sont .... et ....

Son nez est .... et ....

et il a une .... bouche.

Il a des .... mains et des .... doigts.

- ❏ crochu
- ☒ grand
- ❏ grande
- ❏ grandes
- ❏ gros
- ❏ gros
- ❏ longs
- ❏ petits
- ❏ rouges

Qu'est-ce que c'est ?

Complète les cases avec les mots de la liste.
Attention : deux mots sont inutiles. Lesquels ?

une rivière

- ❑ le pré
- ❑ des petits yeux
- ❑ un pont
- ❑ une branche
- ❑ un bouc
- ☒ une rivière
- ❑ deux bouquetins
- ❑ un grand nez
- ❑ deux cornes
- ❑ une main

Vrai ou faux ?

		vrai	faux
1.	Aîné Bouquetin Malin a deux frères.	☒	☐
2.	Le géant aime les bananes.	☐	☐
3.	Les trois bouquetins malins ont faim.	☐	☐
4.	Aîné Bouquetin Malin a deux cornes.	☐	☐
5.	Philibert est très intelligent.	☐	☐
6.	Benjamin Bouquetin Malin est un monstre.	☐	☐
7.	Le géant sait nager.	☐	☐
8.	Les trois bouquetins malins sont méchants.	☐	☐
9.	Philibert à un gros nez crochu.	☐	☐
10.	Cadet Bouquetin Malin traverse le pont sur la pointe des pieds.	☐	☐
11.	Aîné Bouquetin Malin donne un coup de cornes à Philibert.	☐	☐
12.	Les trois bouquetins malins vont au marché.	☐	☐
13.	Philibert veut manger les trois bouquetins malins.	☐	☐
14.	Benjamin Bouquetin Malin passe entre les jambes de Philibert.	☐	☐
15.	L'histoire finit bien.	☐	☐

PLAISIR *de* LIRE

Singulier ou pluriel ?

Mets les verbes être et avoir à la forme qui convient.

1. Benjamin Bouquetin Malin ......*a*...... deux frères.

2. Philibert .... un géant.

3. L'herbe du grand pré .... appétissante.

4. Benjamin Bouquetin Malin n'............... pas peur de Philibert.

5. Les yeux de Philibert .... rouges.

6. Où .... le géant ?

7. Philibert .... de gros doigts.

8. Philibert .... très fâché.

9. Les trois bouquetins malins .... un nouvel ami.

10. Attention ! Il y .... un géant derrière toi !

Trouve les rimes

Les trois bouquetins
sont très malins !

branche   planche

pain

douche

ballon

géant

feu

pantalon

toit

☐ bâton   ☐ bouche   ☐ deux   ☐ doigt

☐ grand   ☐ main   ☒ planche   ☐ pont

Les trous

Observe les dessins et complète les phrases.

Le petit lutin habite dans
une .chaussure. .

Le lutin et le ....
traversent la rivière.

Le lutin est assis dans
....

La petite Julie aime
....

Relie les phrases

1. Les trois bouquetins malins
2. Ils veulent
3. Il y a un géant
4. Le géant dit : « C'est mon pont ! »
5. Benjamin Bouquetin Malin passe
6. Cadet Bouquetin Malin traverse
7. Aîné Bouquetin Malin donne
8. Le Géant
9. Les trois bouquetins malins mettent
10. Les trois bouquetins malins aident

a) entre les doigts de Philibert.
b) un coup de cornes à Philibert.
c) tombe à l'eau.
d) sous le pont.
e) vont à la rivière.
f) une branche dans l'eau.
g) le pont sur la pointe des pieds.
h) traverser le pont.
i) Philibert à sortir de l'eau.
j) Personne ne peut le traverser. »

Les trois bouquetins malins vont à la rivière.

....

....

....

....

....

....

....

....

....

PLAISIR *de* LIRE

Les mots cachés

P	O	N	T	E	M	A	I	N	S
M	T	H	C	E	Q	U	P	E	R
O	T	E	U	A	A	I	E	M	O
N	E	R	S	L	I	H	T	I	U
S	S	B	T	O	N	I	I	R	G
T	E	E	D	E	E	S	T	T	E
R	R	O	G	E	A	N	T	I	S
E	B	O	U	Q	U	E	T	I	N
D	O	I	G	T	S	Y	E	U	X
M	A	L	S	O	U	S	I	N	S

☐ pont ☐ rouge

☐ doigt ☐ petit

☐ aîné ☐ géant

☐ herbe ☐ yeux

☐ main ☐ sous

☐ monstre

_ _ _ - _ _   _ _ _   _ _   _ _ _ _ _

_ ' _ _ _ _ _ _ _ _ _   _ _ _   _ _ _ _ _

_ _ _ _ _ _ _ _ _ _ _   _ _ _ _ _ _ ?

Solutions

Décris le géant
grand, longs, petits, rouges, gros, crochu, grande, grandes, gros.

Qu'est-ce que c'est ?
une rivière, des petits yeux, un pont, deux bouquetins, deux cornes, une branche, une main.

Vrai ou faux ?
1. vrai, 2. faux, 3. vrai, 4. vrai, 5. faux, 6. faux, 7. faux, 8. faux, 9. vrai, 10. vrai, 11. vrai, 12. faux, 13. vrai, 14. faux, 15. vrai.

Singulier ou pluriel ?
1. a, 2. est, 3. est, 4. a, 5. sont, 6. est, 7. a, 8. est, 9. ont, 10. a.

Trouve les rimes
branche - planche, pain - main, douche - bouche, ballon - pont, géant - grand, feu - deux, pantalon - bâton, toit - doigt.

Les trous
chaussure - bouquetin - l'herbe - lire.

Relie les phrases.
1. e) Les trois bouquetins malins vont à la rivière.
2. h) Ils veulent traverser le pont.
3. d) Il y a un géant sous le pont.
4. j) Le géant dit : « C'est mon pont ! Personne ne peut le traverser.»
5. a) Benjamin Bouquetin Malin passe entre les doigts de Philibert.
6. g) Cadet Bouquetin Malin traverse le pont sur la pointe des pieds.
7. b) Aîné Bouquetin Malin donne un coup de cornes à Philibert.
8. c) Le Géant tombe à l'eau.
9. f) Les trois bouquetins malins mettent une branche dans l'eau.
10. i) Les trois bouquetins malins aident Philibert à sortir de l'eau.

Les mots cachés
Est-ce que tu aimes l'histoire des trois bouquetins malins ?

© 1997 **ELI** s.r.l. - European Language Institute

Titre de l'édition originale : The three Billy Goats Gruff
© Ernst Klett Verlag GmbH, Stuttgart,
République fédérale d'Allemagne, 1990
Textes : G. Gompf et R. Fromm
Version française : A. Choum
Illustrations : G. Allen et D. Gebhardt

ISBN 88-8148-230-4

Imprimé en Italie par Tecnostampa